Auguste Caroline Sophie
Herzogin von Sachsen-Coburg-Saalfeld
geborene Reuß-Ebersdorf

Die Stammmutter des europäischen Hochadels

von

Heinz-Dieter Fiedler

© 2015 Heinz-Dieter Fiedler
Herstellung und Verlag: BoD – Books on Demand, Norderstedt.
ISBN: 9783734788185

Inhalt:

1. Kindheit, Jugend, Heirat — 5
2. Erbprinzessin in Coburg — 10
3. Die Petersburger Reise — 12
4. Augustes weiterer Lebensweg — 16
5. Das weitere Schicksal des Bildes "Artemisia" — 21
6. Augustes Kinder — 22
   - Sophie — 23
   - Antoinette — 23
   - Juliane — 24
   - Ernst — 26
   - Ferdinand — 29
   - Viktoria — 32
   - Leopold — 37

Literatur — 42

1. Kindheit, Jugend, Heirat

Am 19. Januar 1757 wurde dem Grafen Heinrich 24. Reuß zu Ebersdorf eine Tochter Auguste Caroline Sophie geboren. Die Grafschaft Reuß-Ebersdorf war mit einer Fläche von 3 Quadratmeilen und 12000 Einwohnern einer der kleinsten unter den vielen deutschen Kleinstaaten. Dennoch wurde Auguste Caroline Sophie zur "Stammmutter des europäischen Hochadels", zu deren Familie Kaiser, Könige und Regenten zahlreicher europäischer Fürstenhöfe gehörten.

Reuß-Ebersdorf war 1678 entstanden, als die Grafschaft Lobenstein an die drei Söhne des verstorbenen Landesherrn aufgeteilt wurde. Der jüngste Sohn Heinrich 10. baute in Ebersdorf ein Schloss, und machte das damals unbedeutende Dorf zu seiner Residenz. Durch seinen Sohn und Nachfolger Heinrich 29. erhielt der Ort einen gewissen Aufschwung, besonders als sich 1746 einige hundert "Herrnhuter" ansiedelten. Die Herrnhuter Brüdergemeine ist eine vom Grafen Nikolaus Ludwig von Zinzendorf ursprünglich in der Lausitz gegründete Glaubensgemeinschaft. Heinrich 29. hat die Ansiedlung der Herrnhuter in Ebersdorf stark befördert. Er war selbst Mitglied der Gemeine und hat seine Kinder in diesem Sinne erzogen. Er war mit dem Grafen von Zinzendorf befreundet und verschwägert, denn Zinzendorf hatte Heinrichs Schwester Erdmuth Dorothea geheiratet. Heinrich 24., Augustes Vater, war der dritte in der Reihe der Ebersdorfer Grafen und regierte das kleine Land von 1747 bis zu seinem Tod 1779. Seine Frau, Augustes Mutter, war eine geborene Gräfin Karoline zu Erbach-Schönberg. Auguste hatte einen älteren Bruder, der aber schon als Zweijähriger starb. Nach Auguste wurden fünf weitere Kinder geboren, von denen nur der spätere Landesherr Heinrich 51. und zwei Schwestern das Erwachsenenalter erreichten. Augustes Eltern standen in enger Beziehung zu den „Herrnhuter". Dieser Hintergrund war prägend für die lebenslange tiefe Gläubigkeit von Auguste.

Und natürlich nahm man auch in der Brüdergemeine Anteil am Ergehen der Herrschaft. So findet sich unter dem Datum vom 19. Januar 1757 eine Eintragung im Diarium (Tagebuch) der Ebersdorfer Brüdergemeine: „Heute wurde unsere gnädige Landesfrau mit einer Comtesse entbunden."

Aus der Kindheit Augustes gibt es nichts Außergewöhnliches zu berichten.
Sie wurde, wie damals üblich, privat im Schloss unterrichtet und erzogen und auf eine standesgemäße Heirat vorbereitet. Ihre Lieblingsfächer waren Geschichte und Geographie.
Auch auf Sprachunterricht wurde in adligen Kreisen Wert gelegt, vor allem auf das Französische.

Fürstl. Schloss.

Die Ebersdorfer Grafen waren nicht besonders reich an irdischen Gütern. Aus diesem Grund und wohl auch wegen der Frömmigkeit der Herrschaft gab es keine prunkvolle Hofhaltung und keinen Standesdünkel. Gesellschaft, Spiel und Tanz - waren im strengen

Ebersdorf verpönt. Die Herrschaft dieser kleinen dörflichen Residenz pflegte ein eher familiäres Verhältnis zu ihren Untertanen.
Auguste hat in diesem Umfeld eine glückliche Kindheit verlebt. Im höheren Lebensalter schreibt sie in ihr Tagebuch: "Ach, zu spät fühlt man erst ganz, was das Vaterhaus uns war; ... alles ist verändert und verschönert, aber ich traure doch immer um die lieben Umgebungen meiner glücklichsten Tage. Längst schlummern beide gute Eltern, und beinahe alle, die sie umgaben, im stillen Grab; aber nur mit meinem Leben wird die süße Erinnerung des Vaterhauses verlöschen."
Beim Tod ihrer Vertrauten und langjährigen Begleiterin schreibt sie: "Im 82. Jahr ist heute die gute alte Weichselbaum gestorben, und mit wehmütiger Erinnerung gedenke ich der langen Jahre, die wir uns kannten, meiner frohen Kindheit, deren Führerin sie war, der ersten schönen Jahre meiner Ehe, wo sie die treue Pflegerin meiner Kinder war. Ihr Tod hat mir sehr weh getan. Ach, sie stand ja neben meiner guten Mutter in jeder Erinnerung aus meiner Kindheit, und mit ihr sank das letzte Glied der Hausgenossenschaft meiner Eltern, jener fernen, süßen Zeit ins Grab."
In der Abgeschiedenheit der kleinen Residenz Ebersdorf wuchs Auguste heran und entwickelte sich zu einer jugendlichen Schönheit. Davon können wir uns heute noch ein Bild machen, denn im Alter von 18 Jahren stand sie dem Porträt- und Landschafts-Maler Johann Heinrich Tischbein Modell für dessen bekanntestes Gemälde „Artemisia".
Tischbein war der berühmteste der über vier Generationen reichenden Maler-Familie und wurde der „Ältere" oder der „Kasseler" genannt. Er lebte von 1722 bis 1789 und gilt weltweit als Maler der besten Frauenbildnisse. (Ein anderer bekannter Vertreter der Tischbein-Familie ist der „Leipziger", der „Goethe"-Tischbein.)
Augustes Vater, Heinrich 24., hatte den Auftrag zu diesem Bild – es ist 95 x 72 cm groß - erteilt und 100 Gulden dafür bezahlt. Das entsprach ungefähr dem Wert von zwei Ochsen.
Unter welchen Umständen die Verbindung zwischen dem Grafen Reuß und Tischbein zu Stande kam, ist nicht bekannt. Tischbein hat diesen

Auftrag mit hoher Wahrscheinlichkeit im Ebersdorfer Schloss ausgeführt. Er malte nicht einfach ein Porträt von Auguste, sondern ließ sie Modell stehen für das Gemälde „Artemisia" nach einem Motiv aus der Antike.

Artemisia II. war die Schwester und Gattin von Mausolos II., dem persischen Herrscher von Karien. Die Könige von Karien leiteten ihre Abstammung von Sonnengöttern her, ähnlich wie die ägyptischen Pharaonen. Mit solchen göttlichen Eigenschaften war auch Ehe unter Geschwistern möglich und üblich. MausolosII. (er regierte von 377-353 v.Chr.) ließ sich schon zu Lebzeiten ein prächtiges Grabmal errichten: das Mausoleum von Halikarnassos, eines der sieben Weltwunder. (Der Begriff „Mausoleum" leitet sich von diesem König Mausolos her).

Artemisia

Als Mausolos starb, ließ ihn seine Witwe und Schwester jedoch nicht in diesem Mausoleum beisetzen, sondern einäschern. Seine Asche streute sie aus übergroßer Liebe in einen Pokal mit Wein und trank diesen vermischt mit ihren Tränen in tiefer Trauer aus.

Mit dieser Szene schuf Tischbein ein weltberühmtes Werk - und wir können Augustes Schönheit noch heute bewundern.
 Sicherlich hat sich auch Heinrich 24. an diesem Bild und vor allem an dem Original erfreut. Aber Schönheit ist vergänglich und was nützt eine noch so schöne Tochter, wenn sie im kleinen Ebersdorf versauert, wo sich gewiss die standesgemäßen Ehekandidaten nicht die Klinke in die Hand gaben.
 Deshalb ließ Heinrich 24. das Bild auf dem „immerwährenden Reichstag" in Regensburg ausstellen. Das war die Ständevertretung im Heiligen Römischen Reich von 1663 bis 1806. Es ist anzunehmen, dass Heinrich 24. damit die Absicht verband, Auguste an einen der dort versammelten Reichsfürsten zu verheiraten.
 Die erhoffte Wirkung trat auch – zumindest teilweise - tatsächlich ein, denn der 25jährige Erbprinz Franz Friedrich Anton von Sachsen-Coburg-Saalfeld entbrannte in glühender Zuneigung zu der abgebildeten jungen Frau.
Er erwarb das Gemälde für 400 Gulden, so dass sich die Aktion für Heinrich 24. zumindest finanziell gelohnt hatte. An eine Heirat von Franz und Auguste war allerdings nicht zu denken, denn es war bereits eine Ehe zwischen Franz und Prinzessin Sophie von Sachsen-Hildburghausen vereinbart. Und auch an dem Bild konnte sich Franz nicht lange erfreuen. Es wurde ihm schon auf der Rückreise von Regensburg nach Coburg geraubt und blieb dann viele Jahre verschollen.
 Franz heiratete im März 1776 die 16jährige Sophie von Sachsen-Hildburghausen. Als diese aber noch im selben Jahr an der Influenza starb, konnte er 1777 dann doch seine große Liebe, die inzwischen zwanzigjährige Auguste heiraten.

Die Hochzeit wurde im Ebersdorfer Schloss gefeiert.
Das Diarium der Brüdergemeine berichtet darüber: „Den 11. hielten Seine Durchlaucht der Erbprinz von Sachsen Saalfeld und Coburg Franz Friedrich Anton einen solennen Einzug zur bevorstehenden Vermählung mit der ältesten Gräfin-Tochter unsers geliebten

Landesherrn Augusta Reus. Beim Durchfahren durch unsern Gemeinort wurde am Gemein-Hause von unsern Bläsern die Melodie: „Nun danket alle Gott" auf Posaunen geblasen, welches Seiner Durchlaucht dem Prinzen zu hohem Wohlgefallen gereichte. Die Vermählung selbst geschah den 13. in dem hiesigen Herrschaftlichen Schloß. Um dieser Handlung beizuwohnen, wurden verschiedene Geschwister eingeladen und bei ihrer Ankunft von unserem gnädigen Landesherrn selber liebreich empfangen und auf einen für sie schicklichen Platz gewiesen."

2. Erbprinzessin in Coburg

Vier Tage später hielt das junge Paar unter dem Jubel der Bevölkerung seinen Einzug in Coburg. Auguste wird als eine jugendliche Fürstin beschrieben, die "umflossen vom stillen Zauber der Liebe und Anmut ernst und würdevoll in der Haltung gewesen sei und doch die Huld und Herablassung selbst, für alle, die sich ihr nahten."

Das Herzogtum Sachsen-Coburg-Saalfeld wurde zu dieser Zeit von Ernst Friedrich, Franz Friedrich Antons Vater regiert. Franz Anton war also vorerst nur der Erbprinz - und das blieb er auch in den nächsten 23 Jahren. So hatte das junge Paar zwar einige, vor allem repräsentative, Aufgaben zu übernehmen. Es blieb aber auch ausreichend Zeit für das Familienleben. Die Kinderschar vergrößerte sich rasch: Zwischen 1778 und 1792 gebar Auguste 9 Kinder, zwei von ihnen starben als Kleinkinder. Die überlebenden Kinder waren Sophie (1778), Antoinette (1779), Juliane (1781), Ernst (1784), Ferdinand (1785), Viktoria (1786) und Leopold (1790).
Die in einer Liebesheirat geschlossene Verbindung blieb auch in den 30 Ehejahren von Zuneigung und gegenseitiger Achtung geprägt. Franz Anton war ein großer Kunstkenner und -liebhaber und gilt als der größte Sammler von Büchern und Graphiken unter den Coburger Herzögen. 1775 legte er den Grundstock für eine

Kupferstichsammlung mit 300.000 Graphiken, die man heute auf der Veste Coburg besichtigen kann, und stattete die Schlossbibliothek mit einer umfangreichen Büchersammlung aus. Die finanzielle Situation des Landes war zu dieser Zeit keineswegs rosig. Im Gegenteil, das Herzogtum war hoch verschuldet.

Auguste hielt nicht viel von den Vergnügungen und Zwängen des Hoflebens, wie sie an vielen der damaligen Fürstenhöfe üblich waren. Sie pflegte Lebensgewohnheiten, wie sie sie von ihrer elterlichen Hofhaltung her kannte und legte Wert auf ein harmonisches Familienleben. In ihrer einfachen und soliden Haushaltsführung zeigte sie eine fast bürgerliche Gesinnung. In dieser Hinsicht wollte sie auch Vorbild für ihre Coburger Untertanen sein, indem sie Unordnung, Müßiggang und Sorglosigkeit ansprach und auszurotten versuchte.
Manche ihrer Verpflichtungen bei Hofe waren ihr ausgesprochen lästig. So schreibt sie nach der Abreise eines fürstlichen Besuches: "Es macht doch nichts müder, als eine Staatsvisite. Das

Herumtreiben, das gedankenlose Schwatzen, die genierte Toilette ermüden mich gleich bis auf den Tod, und so ein Tag ist länger als zehn andere."
Auguste wird als eine bemerkenswerte Frau mit starkem, energischem Auftreten, aber auch mit großer Herzensgüte, Frömmigkeit und einer tiefen Liebe zu Natur beschrieben. Sie hatte schöne, sehr ausdrucksvolle blaue Augen. Ihre markanten Gesichtszüge, besonders die lange Nase hat sie an die meisten ihrer Kinder und Enkel vererbt. Auch die aus ihrer religiösen Erziehung herrührenden strengen moralischen Ansichten gab sie an ihre Nachkommen weiter. Auguste wurde von ihren Kindern sehr verehrt und geliebt, besonders von ihrem jüngsten Sohn Leopold, dem späteren König von Belgien.

3. Die Petersburger Reise
Im Jahr 1795 - Auguste und Franz Anton waren immer noch das Erbprinzenpaar - gab es einen Wendepunkt, sozusagen das Schlüssel-Ereignis, dass letztlich dem Herzogtum Sachsen-Coburg-Saalfeld diese bedeutende Rolle innerhalb der europäische Dynastien verschaffte, die es über lange Zeit inne hatte.

Die russische Zarin Katharina die Große suchte für ihren Enkel, den Großfürsten Konstantin, eine Frau. Zu diesem Zweck sandte sie ihre Vertreter, darunter den russischen General Andreas von Budberg, aus, um an den deutschen Höfe nach geeigneten Kandidatinnen Ausschau zu halten. Denn die Heiratspolitik der russischen Herrscher war damals auf die kleineren protestantischen deutschen Höfe ausgerichtet. Auch Katharina die Große wurde als Prinzessin Sophie von Anhalt-Zerbst geboren. Sie heiratete 1745 den russischen Thronfolger und späteren Zaren Peter III.
General Budberg schlug der Zarin eine Tochter der Familie Sachsen-Coburg-Saalfeld vor. Der Zarin gefiel dieser Vorschlag, wohl auch, weil ein Onkel Franz Antons bei der Zarin in hoher Gunst stand, der sich einige Jahre zuvor im russisch-österreichischen Krieg gegen die Türken ausgezeichnet hatte. In Folge dessen wurde Auguste mit ihren

drei ältesten Töchtern zur Brautschau nach St. Petersburg eingeladen.
Nach gründlicher Vorbereitung begann die Reise am 12. August 1795. Franz Anton konnte nur bis Leipzig mitreisen, bevor er wieder umkehren musste. Die Zarin hatte den General Budberg zum Reisebegleiter bestimmt. Von Seiten des Coburger Hofes fuhr die Oberhofmeisterin von Wangenheim zur Betreuung der Reisenden mit. Und natürlich gehörten auch einige Bedienstete zur Reisegesellschaft. Ausdrücklich ist im Reisebericht ein Koch vermerkt und die sich daraus ergebende Wohltat, überall deutsche Speisen genießen zu können. Und natürlich werden auch Zofen und Kammerdiener dabei gewesen sein. Bei Bedarf wurde an den einzelnen Stationen weiteres Personal angemietet. Ein Bote ritt voraus und machte die Quartiere, meist in Poststationen oder Gasthäusern. Für die Damen wurden eigene Betten mitgeführt und jeweils in den Übernachtungsstätten aufgeschlagen. Die Gesellschaft reiste mit zwei Fahrzeugen, einer herrschaftlichen Kutsche und einem Bagagewagen. Die Pferde wurden an den Poststationen gewechselt. In schwierigem Gelände wurden die Kutschen mit acht oder sechs Pferden bespannt. Die Route ging über Frankfurt/Oder, Königsberg/Preußen, Tilsit und Riga.
Trotz der guten Bedienung durch eigenes Personal war es keine ganz unbeschwerliche Reise ins fast 2000 Kilometer entfernte Petersburg. West-Europa befand sich zu dieser Zeit als Folge der französischen Revolution im Umbruch und auch in Osteuropa war durch die kurz zuvor erfolgte dritte polnische Teilung etwas Unruhe und Unsicherheit zu spüren.
Auguste hat über diese Reise ein ausführliches Tagebuch geschrieben. Sie beschreibt die durchreisten Städte und schildert das Aussehen und die Lebensbedingungen der Landbewohner. Man spürt ihre Liebe zur Natur und ihr Interesse für alte ehrwürdige Bauten. Die älteste Tochter Sophie hat ihre Reiseeindrücke in Skizzen festgehalten.
Die Reise bis Petersburg dauerte reichlich zwei Monate. In vielen größeren Städten wurde die Reisegesellschaft mit einem offiziellen Empfang geehrt, denn die Coburger Erbprinzessin reiste ja im Auftrag

der russischen Zarin. "Wir werden in allen Städten wie rare Tiere empfangen." schreibt Auguste in ihr Tagebuch. Die Töchter nutzten die Zeit unter anderem dazu, ihre französischen Sprachkenntnisse aufzubessern. Denn am russischen Hof wurde französisch gesprochen. General von Budberg hatte französische Bücher in großer Zahl als Reiselektüre ausgewählt und Auguste schreibt an den Gatten "Wir lesen und arbeiten".

Nach 40 Reisetagen ist Königsberg erreicht, der letzte größere Ort in Preußen vor der Grenze zu Russland. Von dort aus dauerte die Reise nochmals drei Wochen und wurde lediglich für einige Tage in Riga unterbrochen, um russische Garderoben anfertigen zu lassen.

Am 17. Oktober war schließlich die Ankunft in St. Petersburg. Man ließ sich Zeit, denn der Empfang bei der Zarin war für den Abend vorgesehen. Auguste schildert ihre Eindrücke, nachdem die Gesellschaft am Zarenpalast vorgefahren war: "Mir zitterten die Knie, wie ich ausstieg: Hier wird sich also das Schicksal einer meiner Töchter entscheiden! Dieser Gedanke fiel mir mit einer Gewalt auf die Seele, dass ich nicht weiß, wie ich am Arm des Hofmarschalls Fürst Paradinsky die hohe Treppe hinaufgekommen bin. ... wir kamen ins Audienzzimmer, und da stand die große Catherine so imposant wie möglich. Sie empfing uns äußerst freundlich und gnädig, sah die Mädchen eine nach der anderen scharf an, und auf Julchen blieb ihr Blick ruhen. Sie sagte mir mit dem unaussprechlich freundlichen Lächeln, dass nur ihr zu eigen ist: "Mais, ces sont des beautés"[1]. Sie sahen auch wirklich hübsch in ihren roten Pelzen und Zobelmützen aus; die Luft hatte sie mit dem schönsten rot geschminkt."

Am nächsten Tag stellt Katharina den Coburger Gästen ihren Enkel Konstantin vor. Auguste ist sehr von ihm angetan. Als er eine Woche später bei Auguste den Heiratsantrag macht und um Julianes Hand bittet, schreibt sie in ihr Tagebuch: "Seit gestern Abend ist Julchen Braut! Das war eine rührende Szene! Wie gerührt, wie herzlich zeigte sich der gute unverdorbene Jüngling! Ich werde keinen meiner

---

[1] Das sind ja Schönheiten

Schwiegersöhne so lieben können wie diesen. Einen so guten jungen Menschen, so klug, so reinen Herzens gibt's schwerlich mehr." Am nächsten Tag ist die Verlobung.

Auguste bleibt noch weitere zwei Wochen in St. Petersburg und absolviert täglich ein umfangreiches Programm. Sie ist beeindruckt von der Stadt, den riesigen Palästen und dem überall sichtbaren Luxus. Sie kann es kaum fassen, dass sie in dem ehemaligen Potemkinschen Palast logieren darf, "der durch einen kleinen Gang mit dem kaiserlichen verbunden ist".
Die drei Schönheiten, wie die Coburger Prinzessinnen im Palast genannt werden, sind oft beim Großfürsten Alexander, Katharinas ältestem Enkel und späterem Zaren, eingeladen.
Auguste bewundert die Kunstsammlungen in der Eremitage und besucht mit der Zarin Opernvorführungen und russisch-orthodoxe

Gottesdienste. Denn Juliane wird mit ihrer Heirat zum russisch-orthodoxen Glauben wechseln.

Mit jedem Tag wird es Auguste jetzt mehr bewusst, dass sie ihre noch nicht ganz 15jährige Tochter bald in diesem fremden Land zurück lassen muss. Es ist ihr eine Beruhigung, dass die Generalin von Liewen, sie ist die Gouvernante der Enkeltöchter Katharinas, nun auch Juliane unter ihre Fittichen nehmen will. Auch steht Juliane inzwischen in freundschaftlicher Beziehung mit Anna Feodorowna, der Gattin Alexanders. Sie ist eine geborene Gräfin von Baden und kaum älter als Juliane.

Am 7. November reist Auguste mit ihren Töchtern Sophie und Antoinette und dem übrigen Gefolge nach Deutschland zurück. Katharina beschenkt die scheidenden Gäste überreichlich mit Schmuck und Geld. Eine besondere Ehre wird Auguste dadurch zuteil, dass ihre Söhne Ernst und Leopold, damals 11 und 5 Jahre alt, als Hauptleute in das Regiment des Großfürsten Konstantin aufgenommen werden. Die Rückreise wird durch den hereinbrechenden Winter erschwert, aber Ende Dezember doch glücklich beendet.

Juliane blieb in Petersburg und heiratete am 25. Februar 1796 den Großfürsten Konstantin. Aus der Prinzessin Juliane von Sachsen-Coburg-Saalfeld wurde die Großfürstin Anna Feodorowna von Russland. Es war ein grandioses Fest, an dem auch die Bevölkerung der Hauptstadt Anteil hatte. Über der Newa wurde ein gewaltiges Feuerwerk gezündet. Auf dem Schlossplatz wurden Ochsen, Schweine und Geflügel gebraten und aus den Brunnen floss roter und weißer Wein.

4. Augustes weiterer Lebensweg

Von den Coburger Verwandten konnte niemand an der Feierlichkeit teilnehmen. Aber die ganze Familie war in den Kreis der Günstlinge der Zarin aufgenommen und zog in der Folge vielfältige Vorteile aus dieser hervorgehobenen Stellung.

Augustes Kinder gelangten durch vorteilhafte Heiraten in hohe und

höchste Positionen innerhalb der Adels-Dynastie – und Auguste wurde zur Stammmutter bedeutender europäischer Fürsten- und Königshäuser. Auguste behielt ihre aktive Rolle bei und hat durch geschicktes Verhandeln so manche eheliche Verbindung zustande gebracht.
Ihr Sohn Leopold wurde belgischer König, seine Nachkommen haben bis heute den belgischen Thron inne. Die Kinder von Augustes Sohn Ferdinand waren Könige von Portugal und Zar von Bulgarien. Augustes Tochter Viktoria war die Mutter von Victoria, der Königin von Großbritannien und Kaiserin von Indien. Diese Linie führt weiter bis zum heutigen britischen Königshaus, von ihr ging aber auch der letzte deutsche Kaiser aus.
Über den weiteren Lebensweg der Kinder Augustes wird später noch ausführlicher berichtet werden. Jetzt wollen wir uns zunächst wieder Auguste und Franz Friedrich Anton zuwenden.
Nach der Rückkehr aus Petersburg blieben Franz und Auguste weitere 5 Jahre das Erbprinzenpaar. Erst mit dem Tod des alten Herzogs Ernst Friedrich im Jahr 1800 übernahm Franz Friedrich Anton die Regierung von Sachsen-Coburg-Saalfeld.
Als Auguste im Jahr 1805 ein Tagebuch begann, konnte sie nicht nur auf Glück und Freude zurück blicken, sondern auch auf manches schmerzliche Ereignis. Als 48 jährige schrieb sie auf der ersten Seite ihres Tagebuchs: "O Gott, was für schmerzlich bittere Stunden habe ich schon erlebt, wo mit eiserner Hand der Kummer das Herz zerdrückte! Es ist vorbei, und nur selten denke ich noch an jene Begebenheiten, die mich bis in den Tod beugten."
Zu diesem Zeitpunkt wusste sie nicht, welche weiteren schweren Schicksalsschläge auf sie zu kamen. Denn nur ein Jahr später 1806 starb Augustes Gatte Franz Anton nach dreijähriger schwerer Krankheit. Und im selben Jahr besetzten Napoleons Truppen ihr Land.
Der Tod Franz Antons war für Auguste ein schmerzlicher Verlust. In ihr Tagebuch schreibt sie: "Es ist vorüber! Das teure Leben ist verloschen, für das seit vier Jahren ich mich mit rastloser Sorge

ängstigte. Ich bin wie betäubt von dem Schlag, den ich so lange voraussah und doch jetzt so gar nicht erwartete. Ach, tief und innig schmerzt mich der Verlust des teuren Gefährten, mit dem ich nun bald 30 Jahre durchs Leben ging." Und am Silvesterabend dieses Jahres finden wir den Eintrag: "Nur Gatten knüpft gemeinschaftliches Sorgen und Freuen, Wirken und Dulden an einander, und dieses Band ersetzt nichts, wenn es Gleichheit der Ideen auf dem langen Weg immer fester zog. Ruhe sanft teurer, guter Mann! und Dank dir an der Grenze des Jahres, das uns trennt, für die vielen glücklichen Jahre, die nie ein Streit, kaum ein Misston trübte! Nie war der Umgang eines Menschen, was mir der deine war. Dank für deine Güte, deine Milde, deine Nachsicht. Einst in einer besseren Welt finden wir uns wieder."

Nach Franz Antons Tod ist Augustes ganzes Streben auf das Wohl ihrer Kinder gerichtet. Eine Hauptsorge ist dabei die Erhaltung des Herzogtums. Denn schon im Todesjahr von Franz Anton wurde das Land von Napoleon besetzt und in französische Verwaltung genommen. Napoleon hatte alle Kassen für sich in Anspruch genommen und jede Auszahlung an die herzogliche Familie untersagt. Denn die herzogliche Familie stand auf Seiten des militärischen Gegners. Ernst kämpfte in Ostpreußen in einem russisch-preußischen Heer gegen Napoleon. Im Juni 1807 wurde dieses Heer geschlagen und Russland und Preußen mussten den Frieden von Tilsit unterzeichnen.

1806 hatten sich auf Initiative Napoleons sechzehn deutsche Fürstentümer zum Rheinbund zusammengeschlossen, einem Militärbündnis mit Frankreich. Sachsen-Coburg-Saalfeld war Ende 1806 dem Rheinbund beigetreten - wie auch alle anderen sächsischen und thüringischen Herzöge und Fürsten. Auguste unterschrieb die Beitrittserklärung stellvertretend für ihren Sohn Ernst. Sie hoffte, damit das Herzogtum zu erhalten. So konnte schließlich im Juli 1807 Augustes ältester Sohn sein väterliches Erbe als Ernst I. antreten. Sachsen-Coburg-Saalfeld war jetzt offiziell Napoleons Verbündeter und musste sich dessen Bedingungen fügen. Augustes Schwiegersohn Graf Mensdorff und ihr Sohn Ferdinand mussten ihren österreichischen Militärdienst verlassen. Der jüngste Sohn Leopold verzichtete mit Rücksicht auf seinen Bruder und sein Heimatland darauf, in russische Dienste zu treten. Denn Napoleons Befehl war eindeutig: "Wenn Prinz Leopold nach Russland geht, jage ich den Herzog fort."

Als Mitglied des Rheinbundes war Sachsen-Coburg-Saalfeld kein freies Land. Wie die anderen sächsischen und thüringischen Länder musste es hohe Kontributionen leisten und Frankreich ein Truppenkontingent zur Verfügung stellen (400 Mann). Auguste schreibt 1809 in ihr Tagebuch. "Der ungeheure Vorspann ruiniert die armen Landleute völlig. Doppelt drückend ist diese Plage jetzt in der Bestellzeit. Wenn ich den armen misshandelten Bauer und sein kaum schwankendes Vieh sehe, vergesse ich oft über ihrem Jammer meine Angst."

Ebenfalls 1809 schreibt sie: "Mit einem Schmerz, als ob ich mich von meinen Kindern trennte, habe ich diesen Morgen unser hübsches Kontingent ausmarschieren sehen ... Zum letzten Male haben unsere Offiziere mit uns gegessen ... Ich habe mit blutendem Herzen von den Herren Abschied genommen." Das Coburger Kontingent musste an allen Feldzügen Napoleons teilnehmen. Es wurde unter anderem in Tirol und Spanien eingesetzt und erlitt große Verluste. Anfang 1812 forderte Napoleon neue Truppen für den Russlandfeldzug. Nach der vernichtenden Niederlage Napoleons in Russland kehrten aus diesem neuen Coburger Kontingent nur wenige Überlebende nach Hause zurück.

Einer der glücklichsten Tage Augustes war der 19. Oktober 1813, als Napoleon bei Leipzig vernichtend geschlagen wurde. Dankbar schrieb sie: "Gott sei ewig Lob! Napoleon wurde total geschlagen... Herr, das ist dein Werk! Nur deine Allmacht konnte diese Ketten brechen."

Herzogin Auguste lebte nach dem Tod ihres Gatten Franz noch 25 Jahre im Schloss Ketschendorf vor den Toren Coburgs. Franz hatte es 1804 als Sommerschlösschen im Empire-Stil erbauen lassen. Es wurde nun Augustes Witwensitz. Außer ihren sieben Kindern weilten viele Fürsten zu Besuch bei der Herzogin, so ihre Schwiegersöhne Alexander Herzog von Württemberg, Großfürst Konstantin Pawlowitsch von Russland und der Herzog Eduard von Kent. Auch Friedrich Ludwig, Erbprinz von Mecklenburg-Schwerin und die Eltern Konstantins, Paul I. und Sophia von Württemberg sowie sein Bruder Zar Alexander I. von Russland waren Gäste im Schloss. Allen ihren Kindern blieb Auguste bis an ihr Ende aufs engste und innigste verbunden. Mit großer Liebe widmete sich Auguste ihren Enkelkindern, so dem Coburger Thronfolger Ernst II., dessen Heranwachsen sie in Coburg unmittelbar erleben konnte. Entzückt war sie von der kleinen Victoria, der späteren Königin von England. Mit der ganzen großen Verwandtschaft stand sie im regelmäßigen Briefwechsel und nahm Anteil am Ergehen jedes einzelnen. Selbst im höheren Alter nahm sie die Beschwerlichkeiten des Reisens auf sich und machte Besuche bei Verwandten in der Schweiz, in Italien und England. 1831 reiste sie nach Brüssel und durfte am 21.Juli noch erleben, dass ihr Lieblingssohn Leopold zum König von Belgien gekrönt wurde.

Herzogin Auguste von Sachsen-Coburg-Saalfeld, geborene von Reuß-Ebersdorf, starb am 16. November 1831 in Coburg. Die Beisetzung fand am 20. November, früh 6 Uhr, bei Fackelbeleuchtung unter großer Anteilnahme der Bevölkerung statt. Auguste wurde in der bescheidenen Fürstengruft im Coburger Hofgarten an der Seite ihres Gatten beigesetzt.
Die Inschrift an der Fürstengruft lautet "Non omnis moriar" - ich werde nicht ganz sterben. Dieser Spruch trifft wohl in besonderem Maße auf Auguste zu, die ihre edlen Charaktereigenschaften auf zahlreiche Kinder und Kindeskinder vererbt hat und so auf die gesellschaftliche Entwicklung eines ganzen Kontinents Einfluss genommen hat.

5. Das weitere Schicksal des Bildes "Artemisia"
Wie ging es nun mit dem Gemälde „Artemisia" weiter? Wir erinnern uns, dass es Franz von Sachsen-Coburg-Saalfeld von einer "marodierenden böhmischen Soldateska" geraubt wurde, kurze Zeit nachdem er es erworben hatte. Er hat es auch nie wieder gesehen. Der Verbleib des Bildes in den nächsten Jahren liegt im Dunkeln. Erst nach 1800 hört man wieder davon.
Es soll sich im Reisegepäck von Napoleon Bonaparte befunden haben, der es auf seinen Kriegszügen quer durch Europa mit sich führte. Man kann vermuten, dass er es auch bei sich hatte, als er im Oktober 1806 mit seiner Armee durch Ebersdorf zog und dort im Schloss übernachtete.
Damals regierte in Ebersdorf Heinrich LI., Augustes Bruder. Napoleon soll von der Anmut des Modells und der allegorischen Bedeutung des Motivs so angetan gewesen sein, dass er es vor Schlachten als „Femme de la fortune" beschworen haben soll. Zu einer persönlichen Begegnung zwischen Napoleon und Auguste ist es aber nicht gekommen. Zwar hat sich die Herzogin Anfang 1807 auf den Weg zu Napoleon - der sich in Warschau aufhielt - gemacht, um sich für den Erhalt ihres von Frankreich besetzten Landes einzusetzen, aber sie wurde abgewiesen. Allerdings war Auguste zu dieser Zeit schon 50 Jahre alt und hätte vermutlich einem Vergleich mit dem Bild nicht mehr standhalten können.

Napoleons Armee ist 1812 in Moskau gescheitert. Während des überhasteten Rückzugs ist die französische Armee beim Überqueren der Beresina fast zur Hälfte umgekommen. Napoleon selbst konnte nur knapp sein Leben retten, verlor aber sein gesamtes Reisegepäck, dabei wahrscheinlich auch das Gemälde „Artemisia". Das Bild taucht erst 1835 wieder in der Öffentlichkeit auf, und zwar bei der Zwangsversteigerung des Vermögens des russischen Admirals Tschitschagow in St. Petersburg. Tschitschagow war 1812 an der

Kämpfen an der Beresina als Befehlshaber der russischen Moldauarmee beteiligt gewesen. Wahrscheinlich ist er dort in den Besitz des Bildes gelangt. Der damalige russische Außenminister unter Zar Nikolaus I., Graf von Nesselrode, ließ es für 26 400 Rubel ersteigern, damals der Wert eines kleinen Schlosses. Das Bild war als Geschenk für König Leopold I. von Belgien gedacht, den Sohn der als Artemisia gemalten Auguste von Reuss-Ebersdorf.
Das Bild blieb dann doch in St. Petersburg und hing bis etwa 1861 in den Gemächern von Zarissa Alexandra Feodorowna, geborene Friederike Charlotte Wilhelmine von Preußen, der Gemahlin von Zar Nikolaus I. Nach deren Tod wurde es dem aus Leipzig stammenden Arzt Franz Alexander Ochs für seine langjährigen treuen Dienst am Zarenhof vermacht. 1866 ging Ochs nach Deutschland zurück. Das Bild blieb fast 150 Jahre im Familienbesitz und wurde mit einer Art Wunderglauben umgeben. So wurde es auch in den Kriegsjahren 1939-45 nicht an einem sicheren Ort verwahrt, sondern blieb zum Schutz des Hauses und seiner Bewohner an seinem Platz hängen. Und tatsächlich überstand das Haus drei schwere Bombenangriffe nahezu unbeschädigt, obwohl die nächsten Einschläge nur 30 Meter entfernt waren.
Im Jahr 2006 wechselte das Bild „Artemisia" nochmals seinen Besitzer. Am 10. Mai ersteigerte es ein unbekannter Käufer in einer Auktion bei Christie's für 34800 €.

6. Augustes Kinder

Für das kleine mitteldeutsche Herzogtum Coburg war die 1795 zustande gekommene Verbindung mit dem mächtigen Zarenreich der erste entscheidende Schritt auf dem Weg zu einem Land von europäischer Bedeutung.
Mit dieser Heirat war das Coburger Herzogtum in der großen Welt des Adels „salonfähig" und auch die anderen Kinder Augustes profitierten davon.

Die beiden ältesten Töchter hatten zwar in Russland das Nachsehen gehabt, kamen jetzt aber für eheliche Verbindungen in Frage, an die vorher überhaupt nicht zu denken gewesen war.

Sophie

Die älteste Tochter Sophie (1778-1835) konnte es sich leisten, verschiedene fürstliche Partien auszuschlagen und heiratete 1804 den österreichischen General Emanuel von Mensdorff-Pouilly, der 1818 in den Grafenstand erhoben wurde. Mensdorff hat sich in vielen Schlachten ausgezeichnet und wurde mehrfach verwundet. Bekannt wurde er auch dadurch, dass es ihm gelang, den Leichnam des 1806 in der Schlacht bei Saalfeld getöteten preußischen Prinzen
Louis Ferdinand aus den Händen der Franzosen gegen eine große Geldsumme auszulösen. Das Ehepaar Mensdorff hatte sechs Söhne, von denen der vierte, Alexander, als österreichischer Staatsmann und Außenminister von sich reden machte. Sophie betätigte sich schriftstellerisch und veröffentlichte 1830 ihre "Mährchen und Erzählungen". Sie war Trägerin des "St. Katharinenordens", der ihr schon 1795 während ihres Aufenthaltes in Petersburg verliehen wurde.

Antoinette

Die zweite Tochter Augustes, Antoinette (1779-1824) wurde ebenfalls in St. Petersburg mit dem St. Katharinenorden ausgezeichnet. Sie wurde 1798 mit Alexander von Württemberg vermählt, einen jüngeren Bruder Friedrichs, des ersten Königs von Württemberg.

Das Paar lebte in Russland. Alexander von Württemberg war der Onkel des Zaren Alexander I. und machte eine militärische und politische Karriere. Unter anderem war er Verkehrsminister.
Antoinette war eine enge Vertraute der Zarin Elisabeth Alexejewna. Sie unterhielt einen Salon, in dem sich alle Persönlichkeiten trafen, die ein "volles Herz für die große Sache der Befreiung des deutschen Vaterlandes und

Europas" hatten. Dazu gehörten Ernst Moritz Arndt, von Clausewitz und der Freiherr vom Stein. Antoinettes einzige Tochter Marie heiratete 1832 ihren 15 Jahre älteren Onkel Ernst I. von Sachsen-Coburg und Gotha.

Juliane

Die dritte Tochter Augustes, Juliane (1781-1860) wurde - wie wir schon gehört hatten -1796 als Anna Feodorowna die Frau des russischen Großfürsten Konstantin. Sie musste dazu zum russisch-orthodoxen Glauben wechseln.
So nützlich diese Verbindung für Julianes Geschwister war, ihr selbst hat sie kein Glück gebracht. Schon bald zeigte sich, dass der Großfürst wenig Interesse an ihr hatte, er war ein unsteter Mensch, dazu ein roher und grausamer Tyrann - ganz anders als ihn Auguste bei ihrem

Besuch in Petersburg beschrieben hatte. Das Leben am Hofe wurde für Juliane zunehmend zur Qual, besondern nachdem Katharina gestorben war und deren gewalttätiger Sohn Paul I. die Herrschaft übernahm. Trotz häufiger Krankheit versuchte sie ihren Verpflichtungen bei Hofe so gut es ging nachzukommen. Ihre Familie in Coburg machte sich zwar Sorgen um sie, forderte sie aber zum Durchhalten auf. Zu groß waren die Vorteile dieser Stellung, um sie aufs Spiel zu setzen. Immerhin bestand sogar die Möglichkeit, einst Zarin zu werden. Aber 1801 änderten sich die Machtverhältnisse in Russland. Paul I. wurde ermordet und dessen Sohn Alexander bestieg den Thron. Juliane verließ jetzt mit Alexanders Zustimmung ihren Ehemann und kehrte nach 5 in Russland verbrachten Jahren nach Coburg zurück. Zar Alexander und dessen deutschstämmige Frau Elisabeth blieben ihr weiterhin freundschaftlich verbunden - und auch die gesamte Coburger Familie genoss auch zukünftig die Gunst der russischen Herrscher. Juliane wurde durch den Zaren finanziell unterstützt. Sie blieb als Großfürstin Mitglied der Zarenfamilie. Das war einerseits ein bedeutender Schutz, hieß aber auch, dass ihr Leben weiterhin von Petersburg bestimmt wurde. Die Rolle, die sie jetzt in Coburg spielte, war gewiss keine glückliche. Eine Frau, die ihren Gatten verlassen hatte, stand in einem schlechten Ruf. Juliane hatte verschiedene Liebhaber, konnte aber nicht heiraten, da sie erst 1820 offiziell von Konstantin geschieden wurde. Sie reiste 1808 in die Schweiz, um in der Stille einen Sohn zur Welt zu bringen.
1813 hat sich Juliane dann von allen Zwängen befreit. Sie hat sich in Bern niedergelassen und dort ein am Aareufer gelegenes Landgut "Elfenau" erworben. Sie ließ das Gut im Empirestil umbauen und einen englischen Garten anlegen. Dort empfing sie ihre Familie, die bessere Berner Gesellschaft, die russische Kolonie sowie unzählige ausländische Diplomaten.
Als Musikliebhaberin beteiligte sie sich am kulturellen Leben der Stadt.
1812 hat sie eine Tochter Hilda geboren, als deren Vater Julianes Oberhofmeister Rudolf Abraham Schiferli, gilt.

Ernst

Augustes ältester Sohn Ernst (1784-1844) trat als Ernst III. das Erbe seines Vaters als Herzog von Sachsen-Coburg-Saalfeld an. Sein Regierungsantritt fiel in eine schwere Zeit, denn im Todesjahr des Herzogs Franz Friedrich Anton wurde das Coburger Land durch Napoleon besetzt und durch französische Kommandanten verwaltet. Der Herzog Ernst weilte zu dieser Zeit außer Landes. Er hatte dank der familiären Verbindung zum Zarenhaus einen furiosen Aufstieg in der russischen Armee genommen. 1801 wurde er als 16jähriger zum General befördert. An der Seite Preußens nahm er 1806 an der Schlacht von Jena und Auerstedt teil und ging dann nach der Niederlage Preußens mit dem preußischen König bis ins Hauptquartier in Ostpreußen. Dass Ernst gegen Napoleon kämpfte, brachte seinen Angehörigen und dem Coburger Land manche Drangsalierung von Seiten der Franzosen ein. Auguste bemühte sich, das Schlimmste für ihr Land abzuwenden. Nachdem Napoleon im Tilsiter Frieden seine Position weiter gestärkt hatte, unterzeichnete Auguste den Beitritt ihres Landes zum Rheinbund. Jetzt konnte Ernst zurückkehren. Auf russischen Druck seines Schwagers, Zar Alexander, wurde ihm sein Herzogtum, das zunächst aufgelöst werden sollte, zurückgegeben.

Nach Napoleons Niederlage in Russland 1812, verließ Ernst den Rheinbund und schloss sich den Verbündeten Österreich, Preußen, Russland und Schweden an. Ernst griff aktiv in die Befreiungskriege ein. Als preußischer General kämpfte er 1813 bei Lützen und Leipzig

Augustes Nachfahren: Die Herzöge von Sachsen-Coburg und Gotha

Auguste Caroline Sophie
geborene Reuß-Ebersdorf
(1757-1831)

Franz Friedrich Anton Herzog
von Sachsen-Coburg-Saalfeld
(1750-1806)

Ernst I. (1784-1831)
Fürst von Sachsen-
Coburg und Gotha
von 1806-1831

Luise von Sachsen-
Coburg-Altenburg
(1800-1831)

Ernst II. (1818-1893)   Allexandrine   Albert von Sachsen-   Victoria,
Herzog von Sachsen-   von Baden   Coburg-Saalfeld   (1819-1901)
Coburg und Gotha   (1820-1904)   (1819-1861)   Königin von
von 1831-1893   Großbritannien und
                                                            Kaiserin von Indien
                                                            1837-1901

Maria
Alexandrowna
(1853-1920)

Alfred (1844-1900) Prinz von Großbritannien,   Leopold (1853-1884) Duke of Albany
Herzog v. Sachsen-Coburg Saalfeld 1893-1900   Helene zu Waldeck und Pyrmont
                                                  (1861-1922)

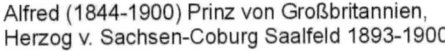

Carl Eduard (1884-1954), Herzog von
Sachsen-Coburg Saalfeld 1905-1918

Viktoria Adelheid von Schleswig-
Hollstein-Sonderburg-Glücksburg
(1885-1970)

und befehligte das 5. deutsche Armeecorps. Nach dem endgültigen Sieg über Napoleon wurde ihm auf dem Wiener Kongress für seine Verdienste ein Gebiet von 8,25 Quadratmeilen mit 25.000 Einwohnern im heutigen Saarland zuerkannt. Dieses später Fürstentum Lichtenberg genannte Gebiet verkaufte Ernst 1834 an Preußen. Ernst stellte sein Land auf eine solide finanzielle Basis und förderte Kunst und Wissenschaft. Als 1826 die Ernestinischen Länder neu geordnet wurden, vergrößerte Ernst sein Gebiet und wurde als Ernst I. zum Herzog von Sachsen-Coburg und Gotha. Aus seiner ersten Ehe mit Luise von Sachsen-Gotha-Altenburg entstammen die Söhne Ernst und Albert. Albert heiratete 1840 Königin Victoria von Großbritannien und Irland. Ernst übernahm als Ernst II. nach dem Tod seines Vaters die Herrschaft über das Doppelherzogtum Sachsen-Coburg und Gotha. Da seine Ehe mit Alexandrine von Baden kinderlos blieb, wurde sein Neffe Alfred, der zweitgeborene Sohn seines Bruders Albert und Königin Victorias, sein Nachfolger als Herzog von Sachsen-Coburg und Gotha. Die Bevölkerung hatte zunächst Probleme mit der britischen Thronfolge. Bis zum Ende seiner Regierung gewann Alfred jedoch die Achtung und Anerkennung seiner Untertanen. Er starb mit 56 Jahren. Sein einziger Sohn aus der Ehe mit der russischen Großfürstin Maria Alexandrowna hatte sich im Jahr zuvor das Leben genommen. Als Herzog wurde nunmehr Alfreds Neffe Carl Eduard, ein Enkel von Albert und Viktoria, bestimmt. Da er noch minderjährig war, wurde er zur Ausbildung nach Deutschland gegeben. Er war technikbegeistert und förderte das Flugwesen. Im 1. Weltkrieg war er General. Um seine Loyalität zu Deutschland zu demonstrieren, vollzog er offiziell den Bruch zwischen dem deutschen und englischen Zweig des Hauses Sachsen-Coburg und Gotha. 1918 endete seine Herrschaft und damit auch das Herzogtum Sachsen-Coburg und Gotha.

Ferdinand

Augustes zweiter Sohn Ferdinand (1785-1851) trat schon zeitig in den österreichischen Militärdienst und wurde schließlich General. Er heirate die reiche ungarische Fürstentochter Marie von Kohary. Um sie heiraten zu können, konvertierte Ferdinand zum katholischen Glauben und begründete damit die katholische Linie des Hauses Sachsen-Coburg. Mehrere der Nachkommen Ferdinands kamen zu Königswürden. Der

älteste Sohn Ferdinand heiratete die verwitwete Königin von Portugal. Nach dem frühen Tod der Königin wurde der gemeinsame Sohn Peter König von Portugal. Nach Peters Tod übernahm sein Bruder Ludwig dieses Amt. Dieser vererbte es an seinen Sohn Karl und dieser wiederum an den Sohn Emanuel. Emanuel regierte bis 1910. Dann hörte das Königreich Portugal auf zu bestehen.

Der zweite Sohn von Ferdinand und Marie Kohary war August. Dessen Sohn Ferdinand wurde Zar von Bulgarien. Er vererbte die Zarenkrone an seinen Sohn Boris. Und auch dessen 1937 geborener Sohn Simeon wurde als Sechsjähriger noch für 3 Jahre von 1943 bis 1946 formell Zar von Bulgarien. Bulgarien war im 2. Weltkrieg mit Deutschland verbündet und es gab Bestrebungen, Hitler zum Vormund des minderjährigen Königs zu machen. Deshalb brachte Simeons Mutter das Kind außer Landes und kehrte erst nach Kriegsende zurück. Bei einer Volksabstimmung entschied sich das bulgarische Volk für die Abschaffung der Monarchie, worauf die königliche Familie das Land verließ. 1996 kehrte Simeon

Augustes Nachfahren: Die Könige von Portugal

Auguste Caroline Sophie
geborene Reuß-Ebersdorf
(1757-1831)

Franz Friedrich Anton Herzog
von Sachsen-Coburg-Saalfeld
(1750-1806)

Ferdinand (1785-1851)
von Sachsen-Coburg-Saalfeld

Antonie Marie Kohary
(1797-1862)

Ferdinand II.
(1819-1901)
König von
Portugal 1837-55

Maria II. (1819-1853)
verw. Königin von
Portugal

Peter V. (1837-1861) und
Stephanie von Hohenzollern-
Sigmaringen (1837-59)
König von Portugal 1855-61

Karl I.
(1863-1908)
König v. Por-
tugal 1889-1908

Ludwig I. (1838-1889) und
Maria Pia von Savoyen
(1847-1911)
König von Portugal 1861-89

Amalie v. Orleans
(1856-1951)

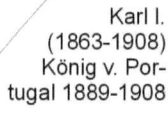  

Emanuel II. (1889-1932) und
Auguste Viktoria von Hohenzollern-
Sigmaringen (1890-1966)
König von Portugal 1908-1910

Augustes Nachfahren: Die Zaren von Bulgarien

Auguste Caroline Sophie
geborene Reuß-Ebersdorf
(1757-1831)

Franz Friedrich Anton Herzog
von Sachsen-Coburg-Saalfeld
(1750-1806)

Ferdinand (1785-1851)
von Sachsen-Coburg-Saalfeld

Antonie Marie Kohary
(1797-1862)

August von
Sachsen-Coburg
und Gotha
(1818-1881)

Clementine
d'Orleans
(1817-1907)

Ferdinand I. (1861-1948)
Zar von Bulgarien
von 1886-1918

Marie von Bourbon-Parma
(1870-1899)

Boris III. (1894-1943)
Zar von Bulgarien von 1918-1943

Giovanna von Savoyen (1907-2000)

Simeon II. (*1937)
Zar von Bulgarien von 1943-1946

von 2001-2005 als Simeon Sakskoburggotski
Ministerpräsident von Bulgarien

zurück, gründete eine erfolgreiche Partei und wurde 2001 zum Premierminister gewählt. Seine Herkunft aus dem Hause Sachsen-Coburg-Gotha ist an seinem bürgerlichen Namen Sakskoburggotski zu erkennen.

Viktoria

Augustes vierte Tochter Viktoria (1786-1861) war zu jung, um auf die Petersburger Reise mitgenommen zu werden. Sie heiratete mit 17 Jahren den 23 Jahre älteren Fürsten Emich zu Leiningen. Der Fürst starb neun Jahre später und hinterließ zwei Kinder. Viktoria heiratete durch Vermittlung ihres Bruders Leopold drei Jahre später Eduard August, den Herzog von Kent, einen jüngeren Sohn König Georgs III. von England. Aus dieser Ehe ging eine Tochter hervor, Victoria, die spätere Königin von Großbritannien und Kaiserin von Indien. Victoria regierte länger als jeder andere englische Herrscher: mehr als 63 Jahre lang. (Dieser Rekord wird allerdings noch im Jahr 2015 von der jetzigen englischen Königin Elisabeth II. überboten werden, die seit Februar 1952 regiert.) Victoria herrschte über das Britische Weltreich, das damals eine beispiellose wirtschaftliche Blütezeit erlebte. Sie war die mächtigste Frau der Welt und wurde Namensgeberin für eine gesamte Epoche, das Victorianische Zeitalter. Durch ihre zahlreichen Nachkommen - sie hatte 9 Kinder, 40 Enkel und 88 Urenkel - erhielt sie den Beinamen „Großmutter Europas". Denn durch gesteuerte

Eheschließungen waren ihre Nachkommen nach wenigen Generationen in fast allen europäischen Monarchien zu finden. 1840 heiratete Victoria, sie war seit 3 Jahren Königin, ihren Cousin Albert, den Sohn ihres Onkels Ernst. Auch diese Ehe wurde von ihrem Onkel Leopold eingefädelt. Auguste hat die Heirat ihrer beiden Enkel nicht mehr erlebt. Es war ihr Lieblingswunsch gewesen, dass Albert und Victoria, "Alberinchen" und "Maiblümchen" ein glückliches Paar werden möchten. Die Beziehung zwischen Albert und Victoria war von tiefer gegenseitiger Liebe geprägt. Insgesamt wurden dem Herscherpaar neun Kinder geschenkt, die alle zum Ruhm der englischen Dynastie beitrugen. Albert hat nie den Kontakt zu Coburg abreißen lassen und auch Königin Victoria besuchte insgesamt siebenmal die "geliebte kleine Heimat" Coburg. Dort hat sie am 26. Geburtstag ihres geliebten Albert den freudigen Ausspruch getan: "Wäre ich nicht das was ich bin, wäre hier mein wirkliches Zuhause!". Der überraschende Tod Alberts am 14. Dezember 1861 – er war erst 42 Jahre alt – traf Königin Viktoria so sehr, dass sie die folgenden 40 Jahre ihres Witwendaseins nie mehr die Trauerkleidung ablegte. Bei ihrem Besuch 1862 schrieb sie in das Gästebuch des Coburger Schlosses Rosenau die bewegenden Worte: "Victoria reg., die trostlose Witwe des geliebten Prinzen Albert." 1865 nahm Königin Victoria die Einweihung des Denkmals für ihren geliebten Gemahl Albert vor. Es war für sie eine Herzensangelegenheit, alle ihre neun Kinder auf dem Coburger Marktplatz dabei um sich und das Denkmal zu versammeln. Mit dem Tod Victorias am 22. Januar 1901 endete ihre fast 64-jährige Regentschaft. Durch die Ehen ihrer Kinder hatte sie Nachkommen in fast allen europäischen Monarchien. Die englischen Könige und Königinnen bis hin zu Elisabeth II. stammen alle in gerader Linie von Victoria und damit natürlich auch von Auguste ab. Nach Victorias Tod 1901 übernahm ihr ältester Sohn Eduard VII. die Regentschaft. Von 1910 bis 1936 war Eduards Sohn Georg V. König von Großbritannien und Kaiser von Indien, gefolgt von dessen Sohn Georg VI. 1952 bestieg dann die jetzig Queen Elisabeth II. den englischen Thron.

Augustes Nachfahren: Die Könige von England

Auguste Caroline Sophie
geborene Reuß-Ebersdorf
(1757-1831)

Franz Friedrich Anton Herzog
von Sachsen-Coburg-Saalfeld
(1750-1806)

Viktoria
von Sachsen-Coburg-Saalfeld
(1786-1861)

Eduard Herzog von Kent
(1767-1820)

Victoria, (1819-1901)
Königin von Groß-
britannien und
Kaiserin von Indien
1837-1901

Albert von Sachsen-
Coburg-Saalfeld
(1819-1861)

Eduard VII., (1841-1910)
König von Großbritannien und
Kaiser von Indien
1901-1910

Alexandra von Dänemark
(1844-1925)

Georg V., (1865-1936) König von
Großbritannien und Kaiser von Indien
1910-1936

Alexandra von Dänemark
(1867-1953)

Georg VI., (1895-1952) König von Großbritannien 1936-1952 und Kaiser von Indien 1936-1948

Elisabeth Bowes-Lyon, "Queen Mum" (1900-2002)

Elisabeth II., (*1926) Königin von Großbritannien seit 1952

Philip, Herzog von Edinburgh (*1921)

Charles, Prince of Wales (*1948)

Diana, Princess of Wales (1961-1997)

William, Duke of Cambridge (*1982)

Catherine, Duchess of Cambridge (*1982)

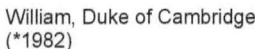  

George, Prince of Cambridge (*2013)

Augustes Nachfahren: Die Kaiser von Deutschland

Auguste Caroline Sophie
geborene Reuß-Ebersdorf
(1757-1831)

Franz Friedrich Anton Herzog
von Sachsen-Coburg-Saalfeld
(1750-1806)

Viktoria
von Sachsen-Coburg-Saalfeld
(1786-1861)

Eduard Herzog von Kent
(1767-1820)

Victoria (1819-1901)
Königin von
Großbritannien und
Kaiserin von Indien
1837-1901

Albert von Sachsen-
Coburg-Saalfeld
(1819-1861)

Victoria, (1840-1901)
Prinzessin von
Großbritannien und Irland

Friedrich III. (1831-1888)
deutscher Kaiser 1888 und
König von Preußen 1888

Wilhelm II. (1859-1941)
Deutscher Kaiser 1888-1918

Eine andere Linie führt von Victoria direkt zum letzten deutschen Kaiser. Die älteste Tochter der Königin Victoria, sie hieß ebenfalls Victoria, hatte 1858 den preußischen Kronprinzen Friedrich geheiratet, der 1888 für 99 Tage bis zu seinem Tod König von Preußen und Kaiser von Deutschland wurde. Sie hatten 7 Kinder, von denen der älteste Sohn als Wilhelm II. im Jahr 1888 deutscher Kaiser wurde. Im November 1918 dankte er ab und lebte bis zu seinem Tod 1941 in Holland. Wilhelm II. war also nicht nur ein Enkel des ersten deutschen Kaisers Wilhelm I. sondern auch ein Enkel der britischen Königin Victoria. Und damit ein Ur-Ur-Enkel von Auguste, geborene Reuß-Ebersdorf.

Leopold
Leopold (1790-1865) war Augustes jüngster und zugleich ihr Lieblingssohn.
Schönheit und kluge Diplomatie verhalfen Leopold in Europa zu einer unvergleichlichen Karriere. Zunächst machte er eine steile militärische Karriere, die er aber ausschließlich der Einheirat seiner Schwester Juliane in die russische Zarenfamilie verdankte. Er war mit 5 Jahren Hauptmann eines russischen Garderegiments, mit 11 Oberst. Seit 1812 kämpfte er aktiv in der russischen Armee und wurde 1816 Generalleutnant. Er reiste 1815 im Gefolge des russischen Zaren Alexander I. nach England. Hier heiratete er 1816 die britische Thronerbin Charlotte Auguste, wurde aber bald Witwer, da Charlotte bei der Geburt des ersten Kindes starb. 1830 wurde ihm die griechische Königswürde angetragen, auf die er jedoch verzichtete. 1831 wurde er als Leopold I. erster König von Belgien. 1832 heiratete er Louise Marie, die Tochter des französischen Königs Ludwig Philipp. Das Paar hatte drei Kinder: Leopold, Philipp und Charlotte. Leopold wurde als Leopold II. nach seinem Vater König von Belgien, Philipp wurde Graf von Flandern. Charlotte hatte ein tragisches Schicksal. Sie heiratete Erzherzog Maximilian, den Bruder des österreichischen Kaisers Franz Josef. Als Maximilian sich 1864 zum Kaiser von Mexiko erklären ließ, folgte sie dem Gatten in das fremde Land. Das Paar war

Augustes Nachfahren: Die Könige von Belgien

Auguste Caroline Sophie
geborene Reuß-Ebersdorf
(1757-1831)

Franz Friedrich Anton (1750-1806)
Herzog von Sachsen-Coburg-Saalfeld

Leopold I.
(1790-1865)
König von Belgien
1831-1865

Louise d'Orleans
(1812-1850)

Leopold II., (1835-1909)
König von Belgien 1865-1909
verh. mit Marie von
Österreich

Philipp, (1837-1905)
Graf von Flandern,
verh. Mit Marie von
Hohenzollern-Siegmaringen

Charlotte (1840-1927),
verh. mit Maximilian,
Kaiser von Mexico

Albert I., (1875-1934)
König von Belgien
1909-1934

Elisabeth Gabriele
(1876-1965)
Herzogin in Bayern

Leopold III.,
(1901-1983)
König von Belgien
1934-1951

 Astrid von Schweden,
(1901-1935)

Baudouin,   Fabiola d Moya   Albert II,   Paola Ruffo di
(1930-1993)   y Aragon   (*1934)   Calabria
König v. Belgien (1928-2014)   König v. Belgien   (*1937)
1951-1993   1993-2013

Philippe (*1960)
König v. Belgien seit 2013

Mathilde d'Udekem d'Acoz
(*1973)

Thronerbin Prinzessin Elisabeth
(*2001)

dort jedoch nicht willkommen und der "Traum von Mexiko" endete drei Jahre später dramatisch mit der Hinrichtung des Kaisers durch ein Erschießungskommando. Charlotte selbst erlitt einen Nervenzusammenbruch und verlebte in Belgien die restlichen 60 Jahre ihres Lebens in geistiger Umnachtung.
Der belgische Thron blieb bis in die jetzige Zeit in den Händen von Leopolds Nachkommen. Leopolds II. Ehe blieb kinderlos, deshalb wurde sein Neffe Albert I. zum belgischen König. Dessen Sohn hatte als Leopold III. von 1934 bis 1951 den Thron inne. Die Söhne von Leopold III. Baudouin und Albert II. waren nacheinander Könige von Belgien, bis 2013 Philippe, Alberts Sohn, diese Würde übernahm. Leopold hatte, wie schon erwähnt, die Ehe seiner Schwester Viktoria mit dem Herzog von Kent eingefädelt - die Verbindung, aus der Queen Victoria hervorging. Als belgischer König förderte Leopold auch den Nachwuchs seiner anderen Geschwister. Dies trug ihm den Spitznamen "Onkel Europas" ein.

"Meine geliebte Mutter war in jeder Beziehung eine ausgezeichnete Frau, von warmem Herzen, höchst tüchtigem Verstande."

                                              Leopold I., König von Belgien

Literatur:

H. Langbein: Lebensbild der Herzogin Auguste von Sachsen Coburg-Saalfeld, geb. Prinzessin von Reuß-Ebersdorf, Coburg, 1904

G. Bachmann: Die Reise der Coburger Erbprinzessin Auguste Caroline Sophie an den Hof der Zarin Katharina II. in St. Petersburg 1795, Coburg, 1992

Briefe der Herzogin Auguste von Sachsen-Coburg-Gotha geb. Prinzessin Reuß-Ebersdorf aus den Jahren 1801, 1825 und 1831, Gera, um 1890

Die Tagebücher der Herzogin Auguste von Sachsen-Coburg-Saalfeld, Jahrbuch der Coburger Landesstiftung, 1963

A. Jordis-Lohausen: Mitteleuropa 1658 - 2008: Die Chronik einer Familie: Verlorenes und Vergessenes, 2014

R. von Rosenberg: Leopold I. - Ehestifter Europas: Ein Coburger auf Belgiens Thron, 2014